Impressum
Verlag: BABADADA GmbH, Nedderfeld 112 , 22529 Hamburg
Geschäftsführer / Verlagsleitung: Harald Hof
Druck: Books on Demand GmbH, In de Tarpen 42, 22848 Norderstedt

Imprint
Publisher: BABADADA GmbH, Nedderfeld 112 , 22529 Hamburg, Germany
Managing Director / Publishing direction: Harald Hof
Print: Books on Demand GmbH, In de Tarpen 42, 22848 Norderstedt, Germany

skola
School

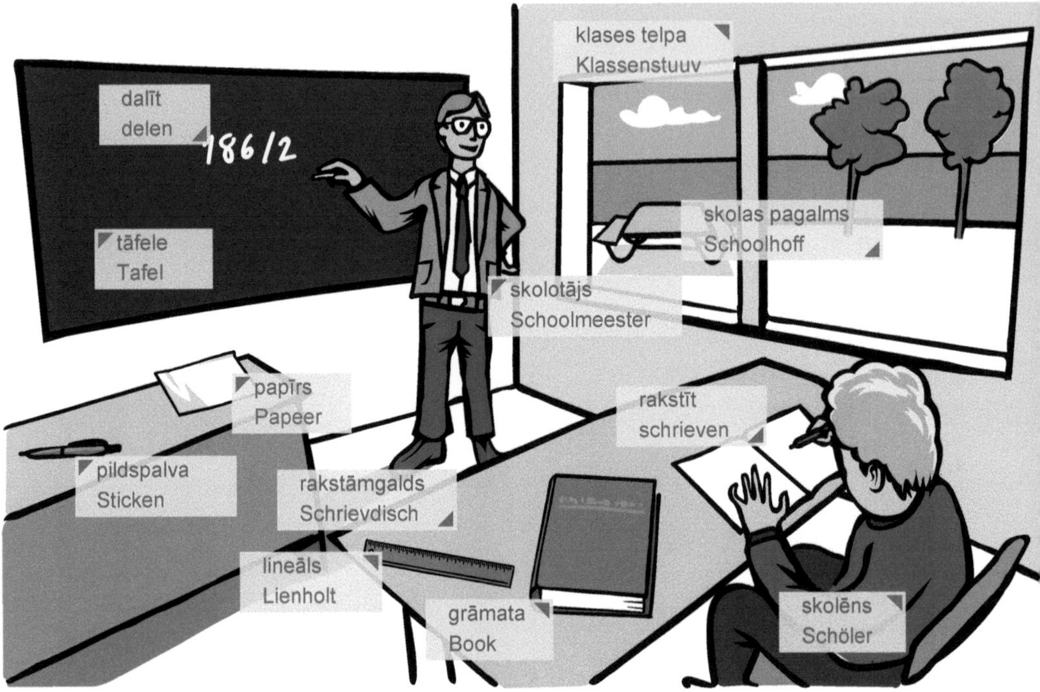

klases telpa
Klassenstuuv
dalīt
delen
186/2
tāfele
Tafel
skolas pagalms
Schoolhoff
skolotājs
Schoolmeester
papīrs
Papeer
rakstīt
schrieven
pildspalva
Sticken
rakstāmgalds
Schrievdisch
lineāls
Lienholt
grāmata
Book
skolēns
Schöler

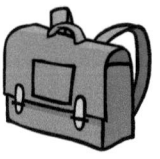

skolas soma

Ranzel

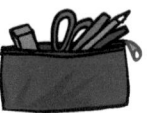

penālis

Feddermapp

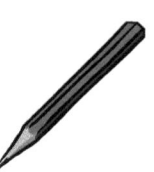

zīmulis

Bleesticken

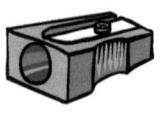

zīmuļu asināmais

Scharpmaker

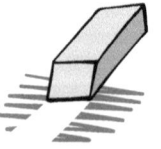

dzēšgumija

Radeergummi

zīmēšanas bloks

Tekenblock

zīmējums

Teken

ota

Pinsel

krāsas

Malkassen

šķēres

Scheer

līme

Klever

darba burtnīca

Heft to'n Öven

mājas darbs

Huusopgaav

skaitlis

Tall

saskaitīt

tohooptellen

atņemt

aftrecken

reizināt

malnehmen

rēķināt

reken

burts

Bookstaav

alfabēts

ABC

vārds

Woort

teksts

Text

lasīt

lesen

krīts

Kried

mācību stunda

Stunn

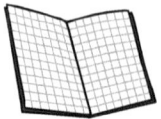

žurnāls

Klassenbook

eksāmens

Pröven

liecība

Tüügnis

skolas forma

Schooluniform

izglītība

Utbillen

enciklopēdija

Nakieksel

universitāte

Universität

mikroskops

Mikroskop

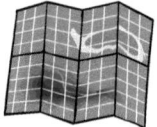

karte

Koort

papīrgrozs

Papeerkorf

ceļojums
Törn

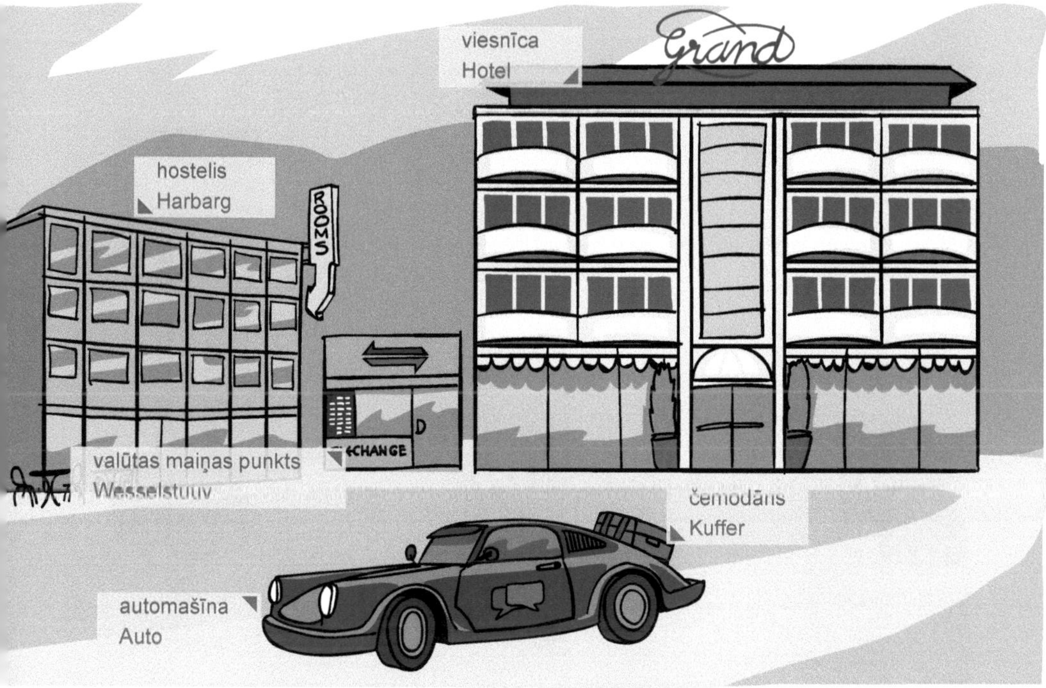
Grand
viesnīca
Hotel
hostelis
Harbarg
ROOMS
EXCHANGE
valūtas maiņas punkts
Wesselstuuv
čemodāns
Kuffer
automašīna
Auto

Valoda

Spraak

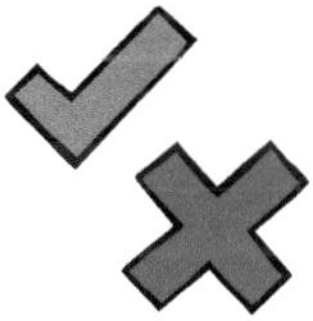

jā / nē

jo / ne

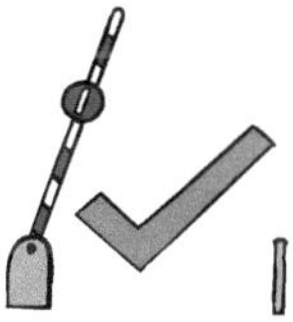

Okay

Jo

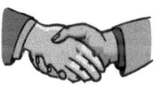

Sveiki!

Moin

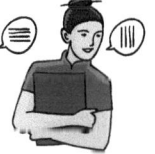

tulks

Översetter

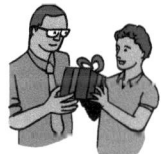

paldies

Dank ok

Cik maksā...?

Wat kost...?

Es nesaprotu

Ik verstah nich

problēma

Problem

Labvakar!

Goden Avend

Labrīt!

Moin!

Ar labu nakti!

Gode Nacht!

Uz redzēšanos

Tschüüs

virziens

Richt

bagāža

Bagaasch

soma

Tasch

mugursoma

Rüchsack

viesis

Gast

istaba

Stuuv

guļammaiss

Slaapsack

telts

Telt

tūrisma informācija

Touristeninformatschoon

pludmale

Strand

kredītkarte

Kreditkoort

brokastis

Fröhstück

pusdienas

Meddageten

vakariņas

Avendeten

biļete

Fohrkort

lifts

Fohrstohl

pastmarka

Breefmark

robeža

Grenz

muita

Toll

vēstniecība

Bottschop

vīza

Visum

pase

Pass

transports
Transport

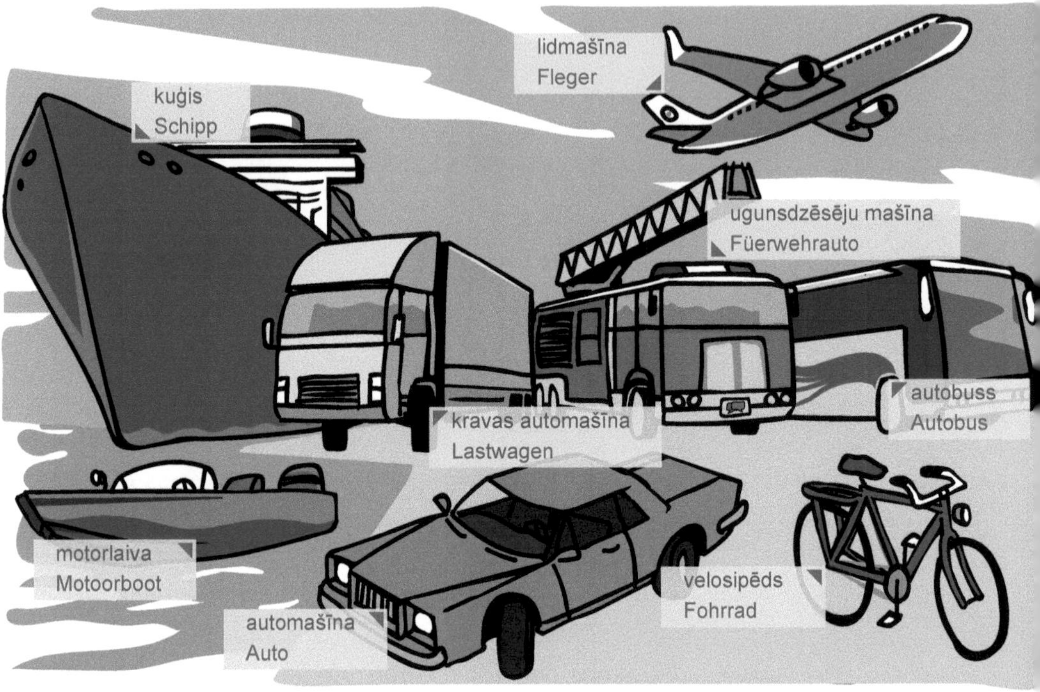
lidmašīna
Fleger
kuģis
Schipp
ugunsdzēsēju mašīna
Füerwehrauto
autobuss
Autobus
kravas automašīna
Lastwagen
motorlaiva
Motoorboot
velosipēds
Fohrrad
automašīna
Auto

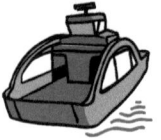

prāmis

Fähr

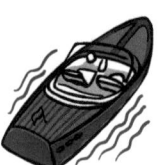

laiva

Boot

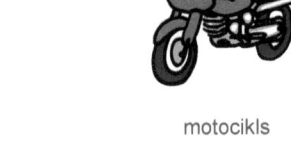

motocikls

Motoorrad

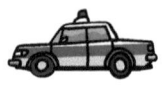

policijas automašīna

Polizeiauto

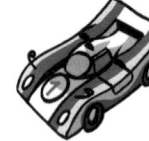

sacīkšu automobilis

Rönnauto

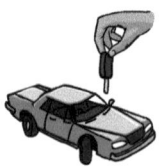

nomas auto

Lehnwagen

auto koplietošana

Carsharing

evakuators

Afsleepwagen

atkritumu mašīna

Müllauto

dzinējs

Motoor

benzīns

Kraftstoff

degvielas uzpildes stacija

Tanksteed

ceļa zīme

Verkehrsschild

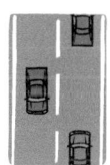

satiksme

Verkehr

sastrēgums

Stau

stāvvieta

Afstellplatz

dzelzceļa stacija

Bahnhoff

sliedes

Sporen

vilciens

Tog

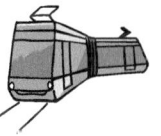

tramvajs

Stratenbahn

vagons

Wagon

helikopters
Dwarsmöhl

lidosta
Flooghaven

tornis
Tower

pasažieris
Fohrgast

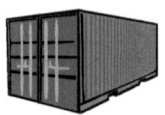

konteiners
Grootkist

kaste
Karton

ratiņi
Koor

grozs
Korf

pacelties / nosēsties
starten / lannen

pilsēta
Stadt

ciems
Dörp

pilsētas centrs
Binnenstadt

māja
Huus

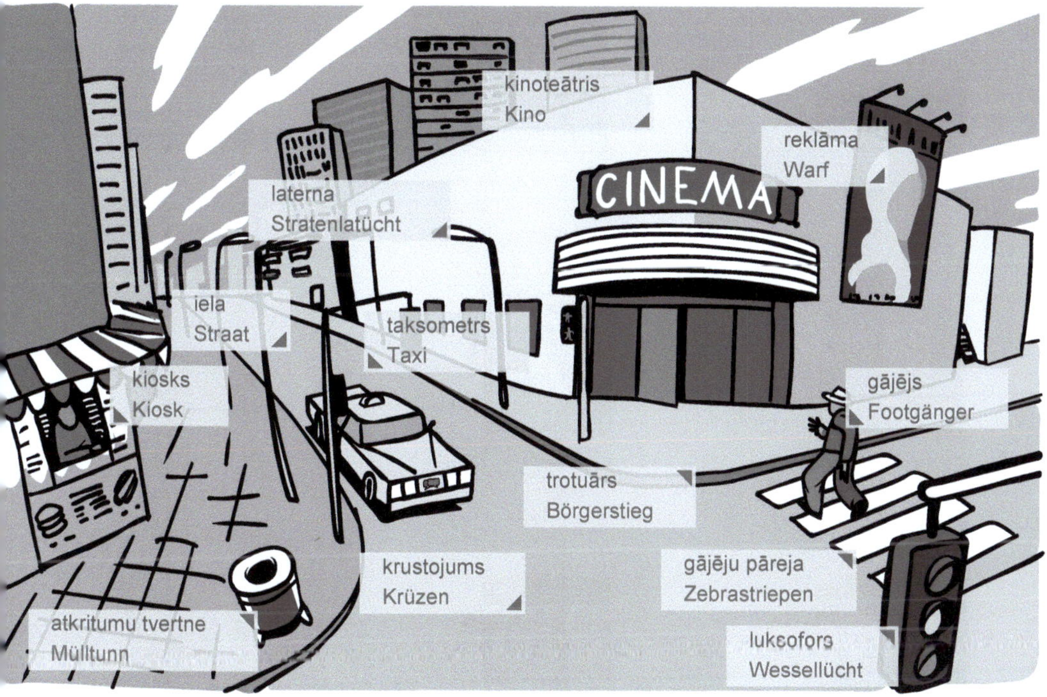

kinoteātris
Kino

reklāma
Warf

laterna
Stratenlatücht

CINEMA

iela
Straat

taksometrs
Taxi

gājējs
Footgänger

kiosks
Kiosk

trotuārs
Börgerstieg

krustojums
Krüzen

gājēju pāreja
Zebrastriepen

atkritumu tvertne
Mülltunn

luksofors
Wessellücht

būda
Hütt

dzīvoklis
Wahnung

dzelzceļa stacija
Bahnhoff

rātsnams
Raathuus

muzejs
Museum

skola
School

universitāte

Universität

banka

Bank

slimnīca

Krankenhuus

viesnīca

Hotel

aptieka

Afteek

birojs

Büro

grāmatnīca

Bookhökerie

veikals

Hökerie

ziedu veikals

Blomenhökerie

lielveikals

Supermarkt

tirgus

Markt

tirdzniecības centrs

Koophuus

zivju tirgotājs

Fischhökerie

tirdzniecības centrs

Inkoopszentrum

osta

Haven

parks

Parkanlaag

sols

Bank

tilts

Brüch

kāpnes

Trepp

metro

Ünnergrundbahn

tunelis

Tunnel

autobusa pieturvieta

Busstoppsteed

bārs

Bar

restorāns

Spieslokal

pastkastīte

Breefkassen

ielas nosaukuma plāksne

Stratenschild

stāvlaika skaitītājs

Parkklock

zooloģiskais dārzs

Deertenpark

peldbaseins

Baadanstalt

mošeja

Moschee

zemnieku saimniecība	vides piesārņojums	kapsēta
Buernhoff	Ümweltversmudden	Karkhoff

baznīca	spēļu laukums	templis
Kark	Speelplatz	Tempel

ainava
Landschop

lapa
Blatt

ceļrādis
Wiespahl

ceļš
Weg

pļava
Wisch

akmens
Steen

koks
Boom

ceļotājs
Wannerer

upe
Fluss

zāle
Gras

puķe
Bloom

ieleja

Daal

kalns

Barg

ezers

See

mežs

Holt

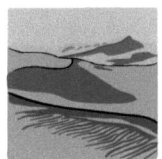

tuksnesis

Wööst

vulkāns

Füerspien Barg

pils

Slott

varavīksne

Regenbagen

sēne

Poggenstohl

palma

Palm

moskīts

Steekmück

muša

Fleeg

skudra

Miegeemk

bite

Imm

zirneklis

Spinn

vabole

Sebber

varde

Pogg

vāvere

Katteker

ezis

Swienegel

zaķis

Haas

pūce

Uul

putns

Vagel

gulbis

Swaan

meža cūka

Wildswien

briedis

Hirsch

alnis

Elk

aizsprosts

Staudamm

vēja ģenerators

Windrad

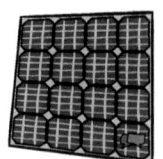

saules baterija

Solarmodul

klimats

Klima

viesmīlis
Kellner

ēdienkarte
Spieskoort

krēsls
Stohl

pica
Pizza

zupa
Supp

galdauts
Dischdeek

galda piederumi
Bestick

uzkoda

Vörspies

pamatēdiens

Haupteten

deserts

Nadisch

dzērieni

Drünk

ēdiens

Eten

pudele

Buddel

ātrās uzkodas

Fastfood

ielu uzkodas

Strateneten

tējkanna

Teekann

cukurtrauks

Zuckerdoos

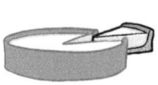

porcija

Portschoon

espresso kafijas automāts

Espressomaschien

bāra krēsls

Hoochstohl

rēķins

Reken

paplāte

Tablett

nazis

Mess

dakša

Gavel

karote

Lepel

tējkarote

Teelepel

salvete

Munddook

glāze

Glas

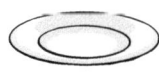

šķīvis

Töller

zupas šķīvis

Suppentöller

apakštase

Ünnertass

mērce

Sooß

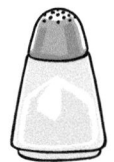

sāls trauciņš

Soltstreuer

piparu dzirnaviņas

Pepermöhl

etiķis

Etig

eļļa

Ööl

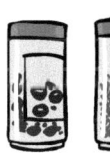

garšvielas

Krüder

kečups

Ketchup

sinepes

Mostrich

majonēze

Mayonnaise

lielveikals

Supermarkt

piedāvājums
Anbott
FOR
klients
Kunn
piena produkti
Melkprodukten
augļi
Aaft
iepirkumu ratiņi
Inkoopswagen

BUTCHERS

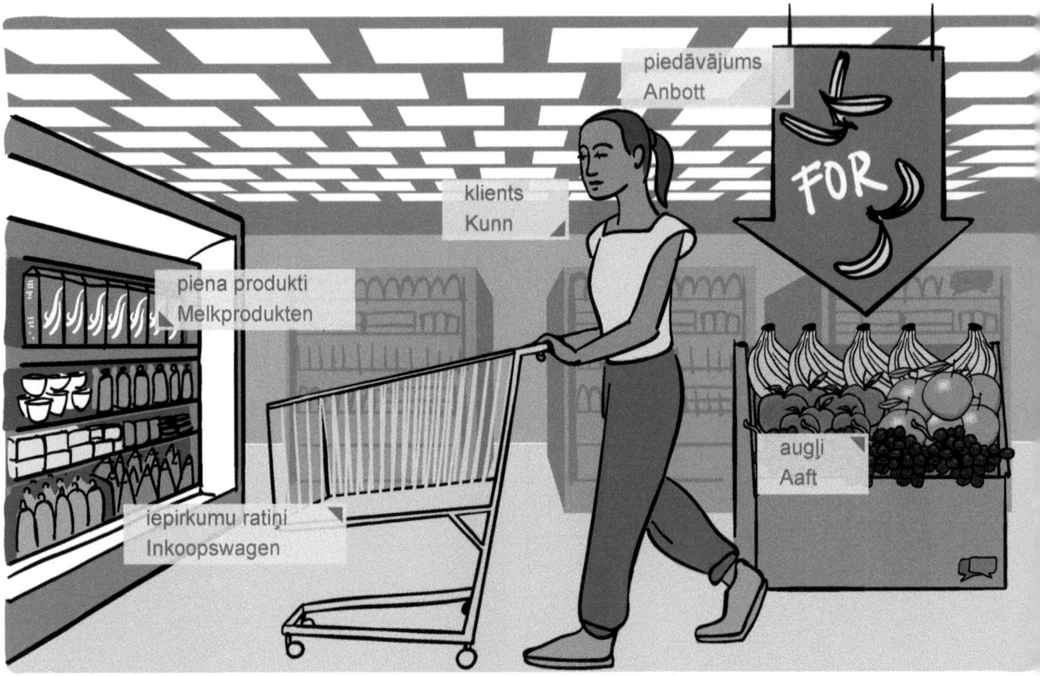

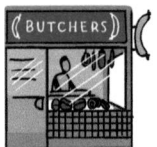

kautuve

Slachterie

BAKERY

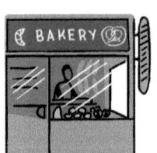

maizes veikals

Bäckerie

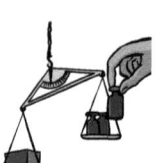

svērt

wegen

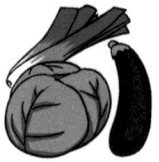

dārzeņi

Gröönsaken

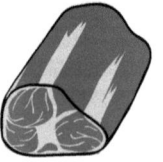

gaļa

Fleesch

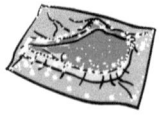

saldēti produkti

Deepköhlkost

aukstās gaļas uzkodas

Opsnitt

konservi

Konserven

pulveris

Waschmiddel

saldumi

Snoopkraam

mājsaimniecības preces

Huushooltssaken

tīrīšanas līdzeklis

Reinmaaktüüch

pārdevēja

Verköpersche

kase

Kass

kasieris

Kasserer

iepirkumu saraksts

Inkoopslist

darba laiks

Opsparrtieden

maks

Breeftasch

kredītkarte

Kreditkoort

soma

Tasch

maisiņš

Plastiktüüt

ūdens

Water

sula

Saft

piens

Melk

kola

Cola

vīns

Wien

alus

Beer

alkohols

Spriet

kakao

Kakao

tēja

Tee

kafija

Koffie

espresso

Espresso

kapučīno

Cappucino

banāns

Banaan

ābols

Appel

apelsīns

Appelsien

melone

Meloon

citrons

Zitroon

burkāns

Wöttel

ķiploks

Knuuvlook

bambuss

Bambus

sīpols

Zibbel

sēne

Poggenstohl

rieksti

Nööt

makaroni

Nudeln

spageti

Spaghetti

rīsi

Ries

salāti

Salat

frī kartupeļi

Pommes frites

cepti kartupeļi

Braadkantüffeln

pica

Pizza

hamburgers

Hamborger

sviestmaize

Sandwich

šnicele

Snitzel

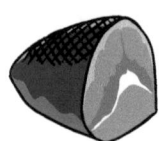

šķiņķis

Schinken

salami

Salami

desa

Wust

vista

Hohn

cepetis

Braden

zivs

Fisch

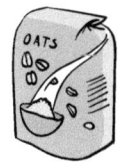

auzu pārslas

Haverflocken

muslis

Müsli

brokastu pārslas

Cornflakes

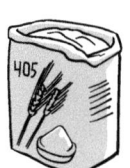

milti

Mehl

radziņš

Croissant

brokastu maizītes

Rundstück

maize

Broot

tostermaize

Toast

cepumi

Keksen

sviests

Botter

biezpiens

Quark

kūka

Koken

ola

Ei

cepta ola

Spegelei

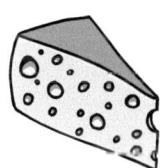

siers

Kees

saldējums

Ies

cukurs

Zucker

medus

Honnig

marmelāde

Marmelaad

riekstu krēms

Nougat-Creme

karijs

Curry

zemnieku saimniecība
Buernhoff

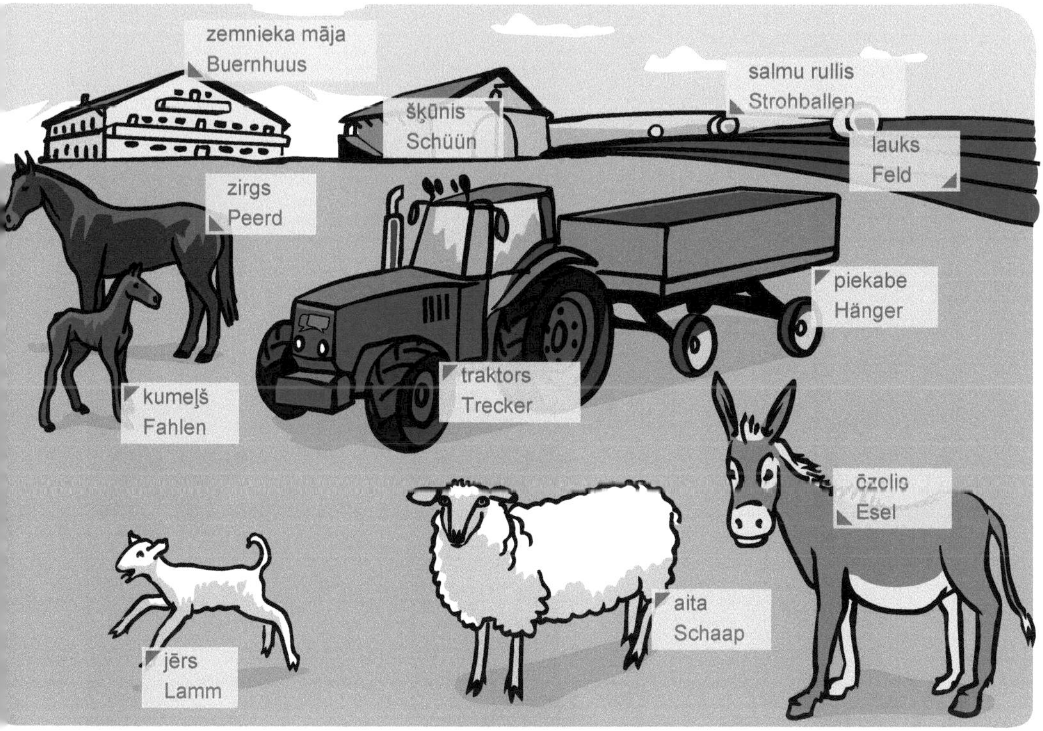
zemnieka māja
Buernhuus
šķūnis
Schüün
salmu rullis
Strohballen
lauks
Feld
zirgs
Peerd
piekabe
Hänger
kumeļš
Fahlen
traktors
Trecker
ēzelis
Esel
aita
Schaap
jērs
Lamm

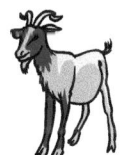

kaza
Zeeg

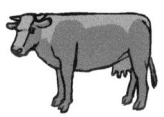

govs
Koh

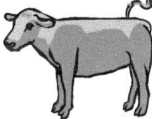

teļš
Kalf

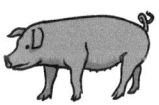

cūka
Swien

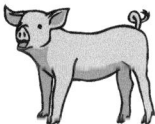

sivēns
Farken

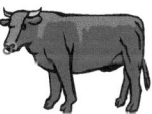

bullis
Bull

zoss

Goos

pīle

Aant

cālis

Küken

vista

Hohn

gailis

Hahn

žurka

Rott

kaķis

Katt

pele

Muus

vērsis

Oss

suns

Hund

suņa būda

Hunnenhütt

dārza šļūtene

Goornslauch

lejkanna

Geetkann

izkapts

Lee

arkls

Ploog

sirpis
....
Sich

kaplis
....
Hack

mēslu dakša
....
Mestfork

cirvis
....
Ext

ķerra
....
Schuufkoor

sile
....
Trog

piena kanna
....
Melkkann

maiss
....
Sack

žogs
....
Tuun

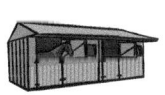

kūts
....
Stall

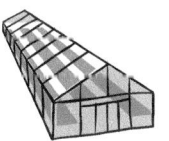

siltumnīca
....
Drievhuus

augsne
....
Bodden

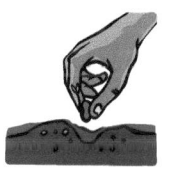

sēklas
....
Saat

mēslojums
....
Dünger

kombains
....
Meihdöscher

novākt ražu

oornen

raža

Oorn

jamss

Yamswöttel

kvieši

Weten

soja

Soja

kartupelis

Kantüffel

kukurūza

Törksche Weten

rapsis

Rapp

augļu koks

Aaftboom

manioka

Troopsch Kantüffel

labība

Koorn

māja
Huus

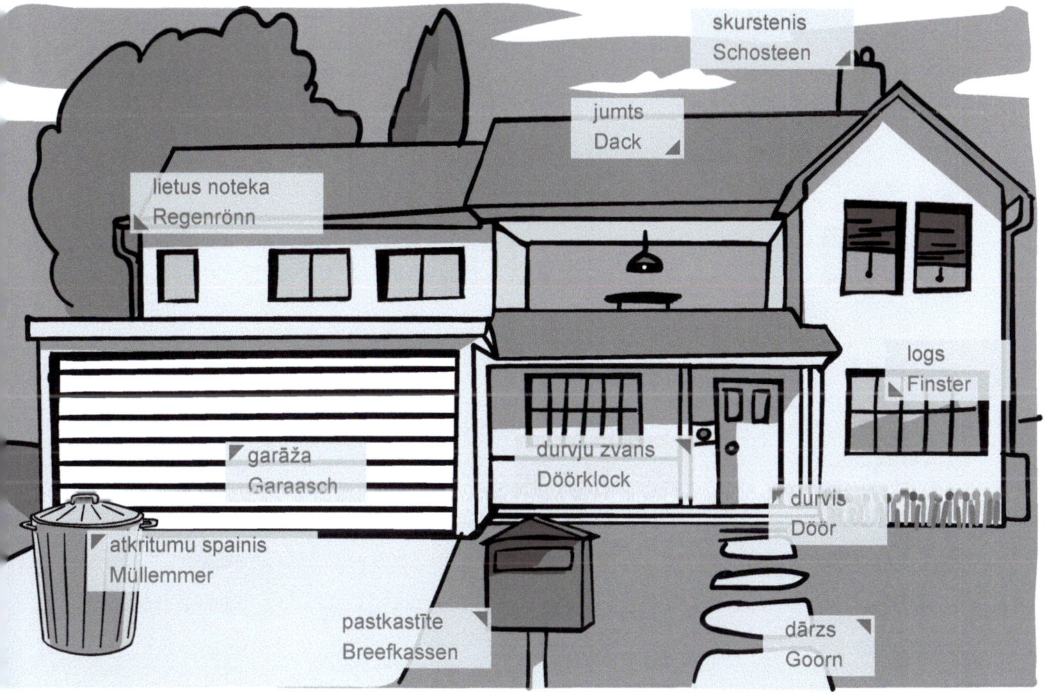
skurstenis
Schosteen
jumts
Dack
lietus noteka
Regenrönn
logs
Finster
durvju zvans
Döörklock
garāža
Garaasch
durvis
Döör
atkritumu spainis
Müllemmer
pastkastīte
Breefkassen
dārzs
Goorn

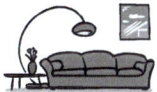

viesistaba

Wahnstuuv

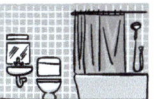

vannas istaba

Baadstuuv

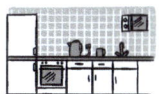

virtuve

Köök

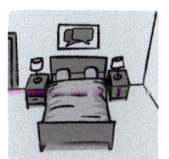

guļamistaba

Slaapstuuv

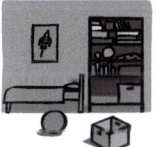

bērnu istaba

Kinnerstuuv

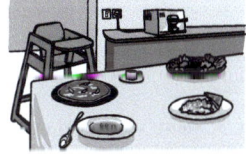

ēdamistaba

Eetstuuv

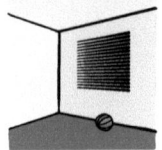

grīda

Footbodden

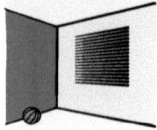

siena

Wand

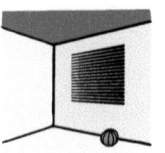

griesti

Deek

pagrabs

Keller

sauna

Hittluftbad

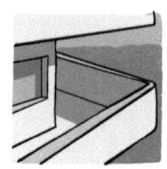

balkons

Balkon

terase

Terrass

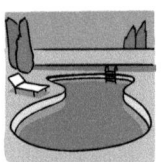

baseins

Swümmbad

zāles pļāvējs

Rasenmeiher

gultas veļa

Bettbetog

sega

Bettdeek

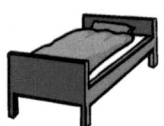

gulta

Puuch

slota

Bessen

spainis

Emmer

slēdzis

Schalter

viesistaba
Wahnstuuv

tapetes
Tapeet
attēls
Bild
lampa
Lamp
plaukts
Regal
skapis
Schapp
televizors
Kiekkassen
kamīns
Kamin
puķe
Bloom
spilvens
Küssen
dīvāns
Sofa
vāze
Vaas
tālvadības pults
Feernbedenen

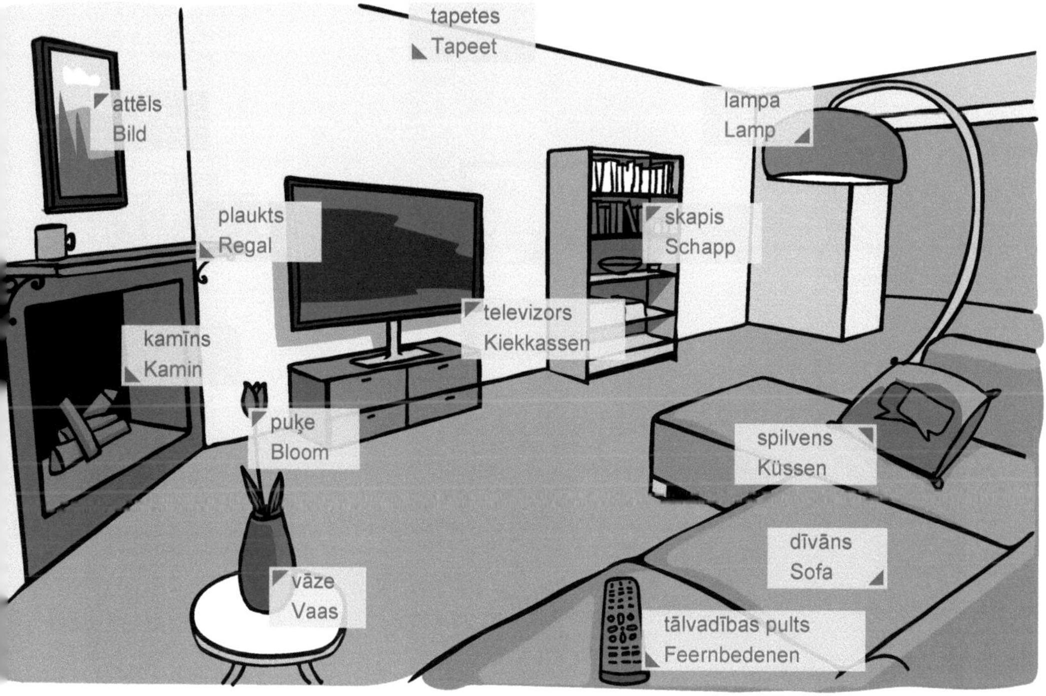

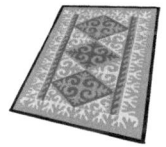

paklājs

Teppich

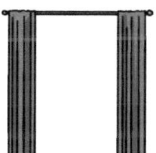

aizkars

Vörhang

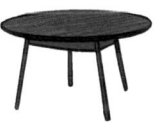

galds

Disch

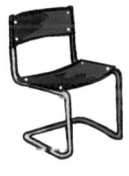

krēsls

Stohl

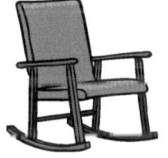

šūpuļkrēsls

Schuckelstohl

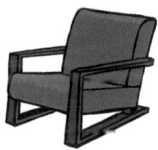

atpūtas krēsls

Sessel

grāmata

Book

sega

Deek

dekorācija

Dekoratschoon

malka

Füerholt

filma

Film

mūzikas centrs

Stereoanlaag

atslēga

Slötel

avīze

Narichtenblatt

glezna

Gemälde

plakāts

Poster

radio

Radio

pierakstu blociņš

Opschrievblock

putekļu sūcējs

Huulbessen

kaktuss

Kaktus

svece

Kars

virtuve
Köök

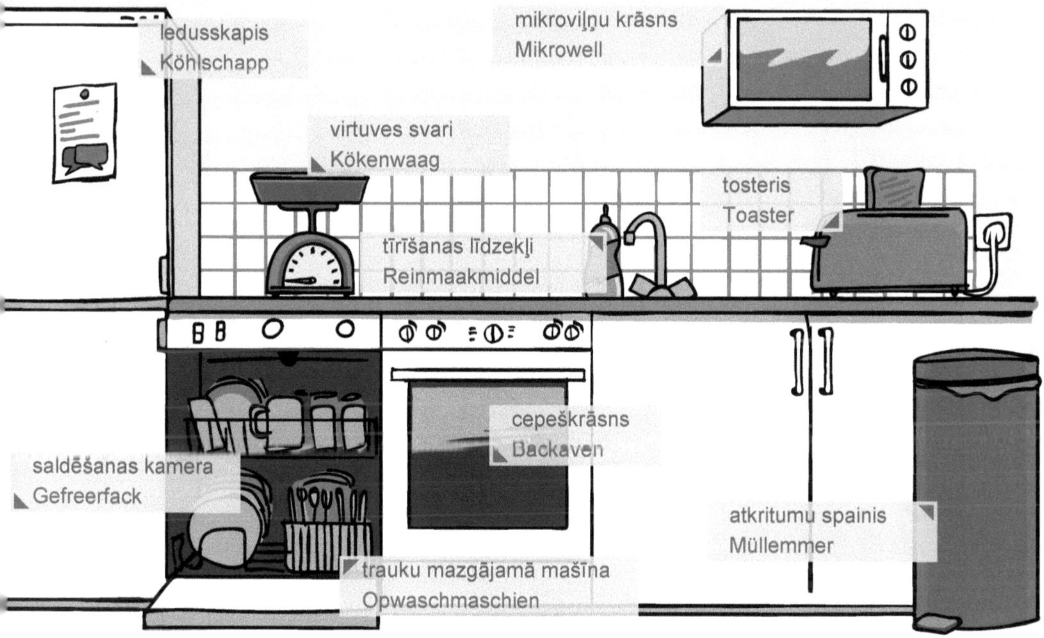
ledusskapis
Köhlschapp
mikroviļņu krāsns
Mikrowell
virtuves svari
Kökenwaag
tosteris
Toaster
tīrīšanas līdzekļi
Reinmaakmiddel
cepeškrāsns
Backaven
saldēšanas kamera
Gefreerfack
atkritumu spainis
Müllemmer
trauku mazgājamā mašīna
Opwaschmaschien

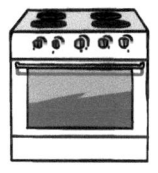

plīts

Heerd

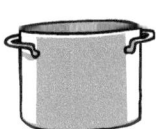

pods

Pott

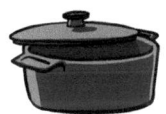

katls

Gussiesern Putt

Wok panna

Wok / Kadai

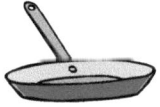

panna

Pann

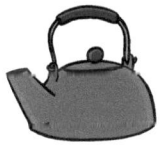

elektriskā tējkanna

Waterkaker

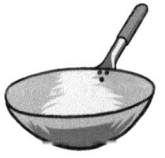

tvaika katls

Dampkaakputt

cepešpanna

Backblick

trauki

Geschirr

krūze

Beker

bļoda

Schaal

irbulīši

Eetsticken

kauss

Suppenkell

lāpstiņa

Pannenwenner

putošanas slotiņa

Sneebessen

sietiņš

Kaakseef

siets

Seef

rīve

Riev

piesta

Mörser

grilēt

Grill

atklāts pavards

Füerstell

dēlis

Sniedbrett

mīklas rullis

Nudelholt

korķu viļķis

Proppentrecker

bundža

Doos

konservu nazis

Dosenaapner

virtuves cimdi

Pottlappen

izlietne

Waschbecken

birste

Böst

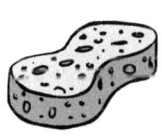

sūklis

Swamm

mikseris

Mixer

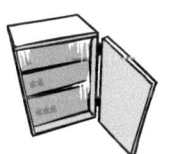

saldētava

lesschapp

bērna pudelīte

Nuckelbuddel

ūdenskrāns

Waterhahn

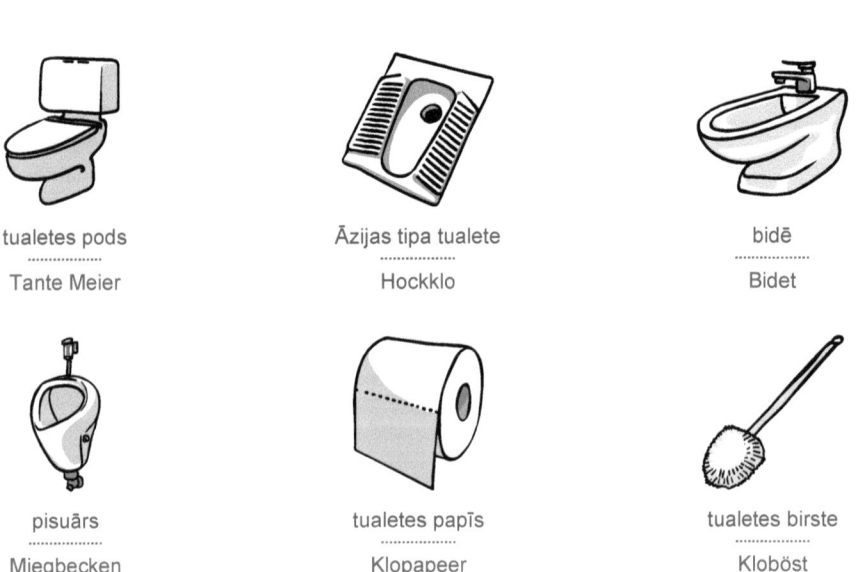

vannas istaba

Baadstuuv

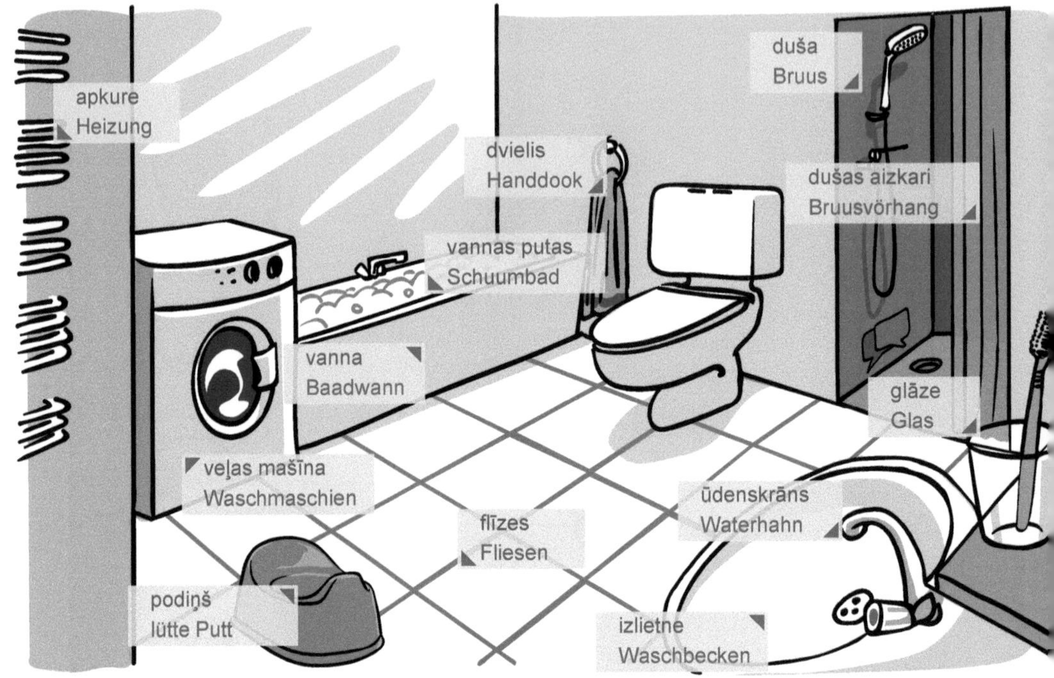
apkure
Heizung
dvielis
Handdook
duša
Bruus
dušas aizkari
Bruusvörhang
vannas putas
Schuumbad
vanna
Baadwann
glāze
Glas
veļas mašīna
Waschmaschien
ūdenskrāns
Waterhahn
flīzes
Fliesen
podiņš
lütte Putt
izlietne
Waschbecken

tualetes pods

Tante Meier

Āzijas tipa tualete

Hockklo

bidē

Bidet

pisuārs

Miegbecken

tualetes papīs

Klopapeer

tualetes birste

Kloböst

zobu birste

Tähnböst

zobu pasta

Tähnpast

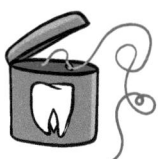

zobu diegs

Tähnsied

mazgāt

waschen

rokas duša

Handbruus

duša

Intimbruus

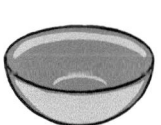

bļoda

Waschschöttel

muguras mazgāšanas birste

Rüchböst

ziepes

Seep

dušas želeja

Bruusgeel

šampūns

Hoorwaschmiddel

mazgāšanas drāna

Waschlappen

noteka

Afloop

krēms

Creme

dezodorants

Deodorant

spogulis

Spegel

spogulītis

Kosmetikspegel

skuveklis

Raserer

skūšanās putas

Raseerschuum

losjons pēc skūšanās

Raseerwater

ķemme

Kamm

matu suka

Böst

matu fēns

Hoordröger

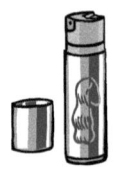

matu laka

Hoorspray

grima komplekts

Smink

lūpu krāsa

Lippensticken

nagulaka

Nagellack

vate

Watt

šķērītes

Nagelscheer

smaržas

Rüükwater

kosmētikas maks

Kulturbüdel

ķeblītis

Schemel

svari

Waag

halāts

Baadmantel

tīrīšanas cimdi

Gummihanschen

tampons

Tampon

pakete

Damenbinn

ķīmiskā tualete

Chemieklo

bērnu istaba
Kinnerstuuv

modinātājs
Wecker
mīkstā rotaļlieta
Knudeldeert
spēļu automašīna
Speeltüüchauto
grabulis
Klöter
leļļu māja
Poppenhuus
dāvana
Geschenk

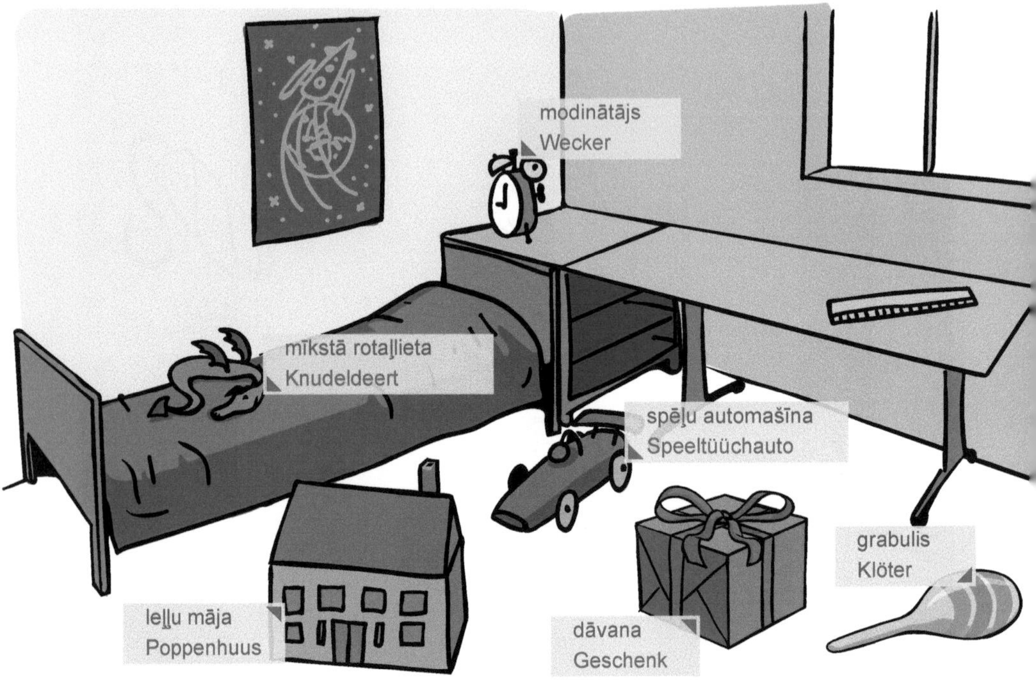

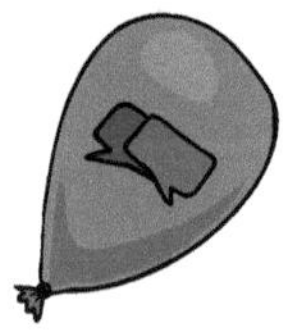

balons
Luftballon

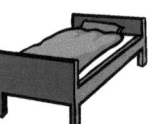

gulta
Puuch

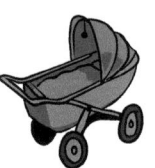

bērnu ratiņi
Kinnerwagen

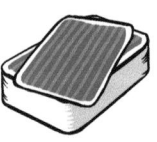

kārtis
Koortenspeel

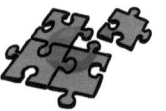

puzle
Puzzle

komikss
Billergeschicht

LEGO klucīši

Legostenen

klucīši

Bustenen

varoņu figūra

Action-Figur

rāpulītis

Strampelantog

lidojošais šķīvītis

Frisbeeschiev

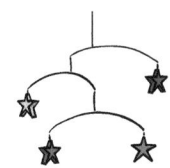

muzikālais karuselis

Mobile

galda spēle

Brettspeel

metamais kauliņš

Wörpel

rotaļu dzelzceļš

Modelliesenbahn

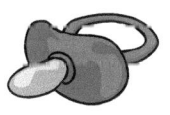

māneklis

Snuller

ballīte

Party

bilžu grāmata

Billerbook

bumba

Ball

lelle

Popp

spēlēt

spelen

smilšu kaste

Sandkassen

šūpoles

Schuckel

rotaļlietas

Speeltüüch

spēļu konsole

Speelkonsool

trīsritenis

Dreerad

plīša lācītis

Teddyboor

drēbju skapis

Klederschapp

īszeķes

Socken

zeķes

Strümp

zeķbikses

Strumpbüx

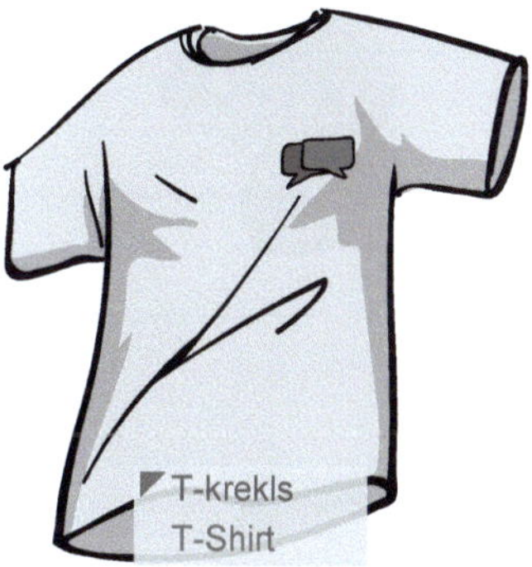

šalle
Halsdook

siksna
Liefreem

lietussargs
Paraplü

T-krekls
T-Shirt

botas
Turnschoh

zābaks
Stevel

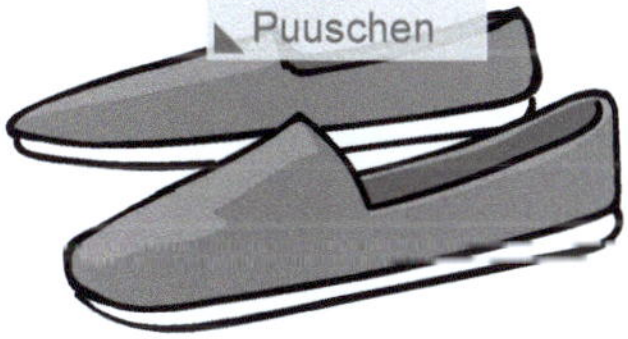

čības
Puuschen

sandales
Sandalen

kurpes
Schoh

gumijas zābaki
Gummistevel

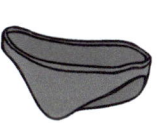

apakšbikses
Ünnerbüx

krūšturis
Bostholler

apakškrekls
Ünnerhemd

bodijs

Lief

bikses

Büx

džinsi

Jeansnüx

svārki

Rock

blūze

Bluus

krekls

Hemd

pulovers

Pullover

džemperis

Kapuzenpullover

žakete

Blazer

jaka

Jack

mētelis

Mantel

lietus mētelis

Övertrecker

kostīms

Kostüm

kleita

Kleed

kāzu kleita

Hochtietskleed

uzvalks

Antog

naktskrekls

Nachtkleed

pidžama

Slaapantog

sari

Sari

lakats

Koppdook

turbāns

Turban

burka

Burka

kaftāns

Kaftan

abaja

Abaya

peldkostīms

Baadantog

peldbikses

Baadbüx

šorti

Korte Büx

trenintērps

Antog to'n Öven

priekšauts

Schört

cimdi

Handschoh

poga

Knopp

brilles

Brill

rokassprādze

Armband

kaklarota

Halskeed

gredzens

Ring

auskars

Ohrbummel

cepure

Mütz

drēbju pakaramais

Klederbögel

platmale

Hoot

kaklasaite

Binner

rāvējslēdzējs

Rietslüter

ķivere

Helm

bikšturi

Drachtband

skolas forma

Schooluniform

uniforma

Uniform

priekšautiņš

Severböten

māneklis

Snuller

autiņbiksītes

Winnel

birojs
Büro

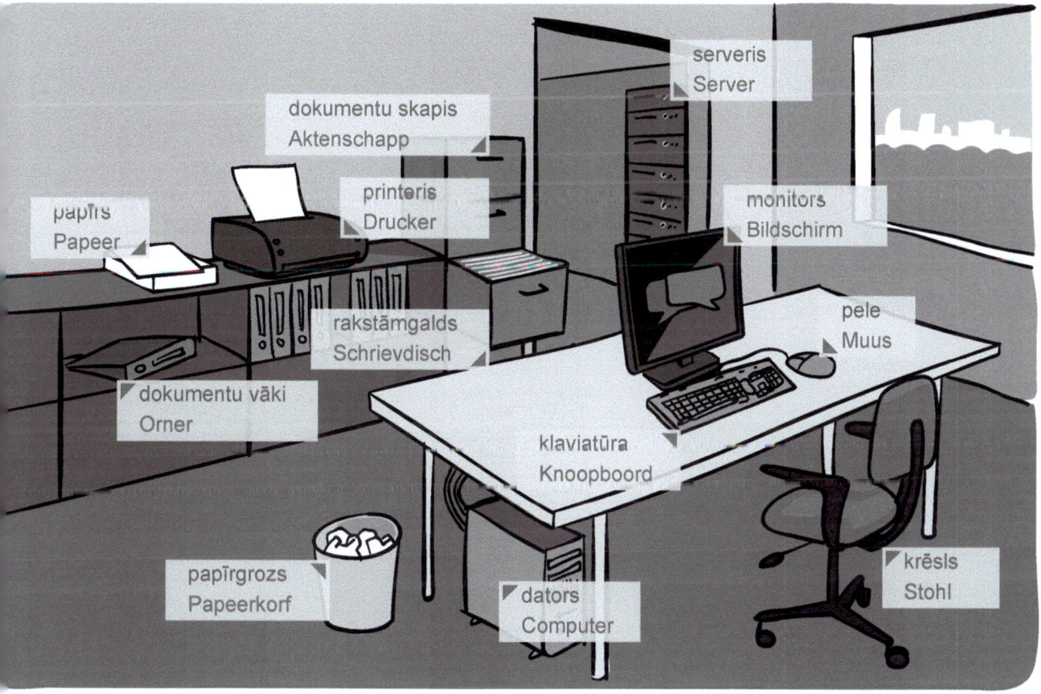

serveris
Server

dokumentu skapis
Aktenschapp

printeris
Drucker

monitors
Bildschirm

papīrs
Papeer

pele
Muus

rakstāmgalds
Schrievdisch

dokumentu vāki
Orner

klaviatūra
Knoopboord

papīrgrozs
Papeerkorf

krēsls
Stohl

dators
Computer

kafijas krūze

Koffiebeker

kalkulators

Taschenreekner

internets

Internet

portatīvais dators

Klappreekner

vēstule

Breef

ziņa

Naricht

mobilais tālrunis

Ackersnacker

tīkls

Nettwark

kopētājs

Kopeerapparat

programmatūra

Software

telefons

Klöönkassen

rozete

Steekdoos

faksa aparāts

Faxapparat

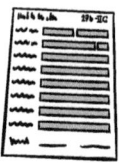

formulārs

Formulor

dokuments

Dokument

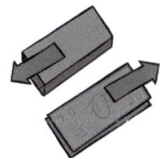

pirkt

köpen

samaksāt

betahlen

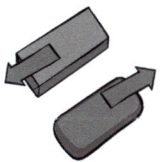

tirgot

hanneln

nauda

Geld

dolārs

Dollar

eiro

Euro

jēna

Yen

rublis

Ruvel

tranks

Swiezer Franken

juaņa renminbi

Renminbi Yuan

rūpija

Rupie

bankomāts

Geldautomat

valūtas maiņas punkts

Wesselstuuv

zelts

Gold

sudrabs

Sülver

nafta

Ööl

enerģija

Energie

cena

Pries

līgums

Verdrag

nodoklis

Stüer

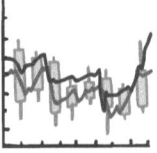

akcija

Andeelschien

strādāt

arbeiden

darbinieks

Anstellte

darba devējs

Arbeitgever

fabrika

Fabrik

veikals

Hökerie

profesijas
Profeschonen

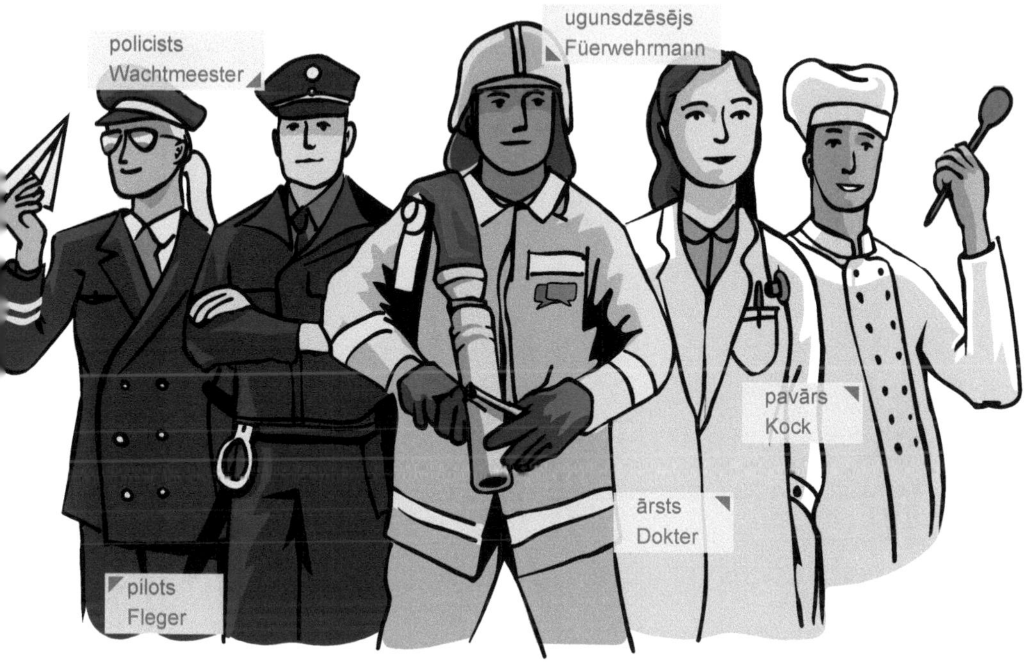

policists
Wachtmeester
ugunsdzēsējs
Füerwehrmann
pavārs
Kock
ārsts
Dokter
pilots
Fleger

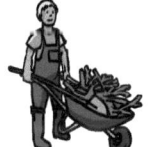

dārznieks

Goorner

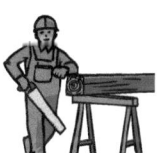

galdnieks

Discher

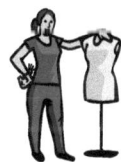

šuvēja

Neihersche

tiesnesis

Richter

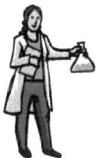

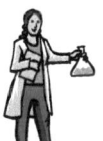

ķīmiķis

Chemiker

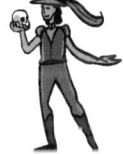

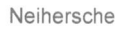

aktieris

Schauspeler

autobusa vadītājs

Busfohrer

taksometra vadītājs

Taxifohrer

zvejnieks

Fischer

apkopēja

Reinmaakfru

jumiķis

Dackdecker

viesmīlis

Kellner

mednieks

Jäger

gleznotājs

Maler

maiznieks

Bäcker

elektriķis

Elektriker

celtnieks

Buarbeider

inženieris

Ingenieur

miesnieks

Slachter

skārdnieks

Klempner

pastnieks

Postbüdel

54   profesijas - Profeschonen

karavīrs

Suldat

arhitekts

Architekt

kasieris

Kasserer

florists

Florist

frizieris

Putzbüdel

konduktors

Schaffner

mehāniķis

Mechaniker

kapteinis

Kaptein

zobārsts

Tähndokter

zinātnieks

Wetenschopler

rabīns

Rabbi

imāms

Imam

mūks

Mönk

mācītājs

Paap

instrumenti
Warktüüch

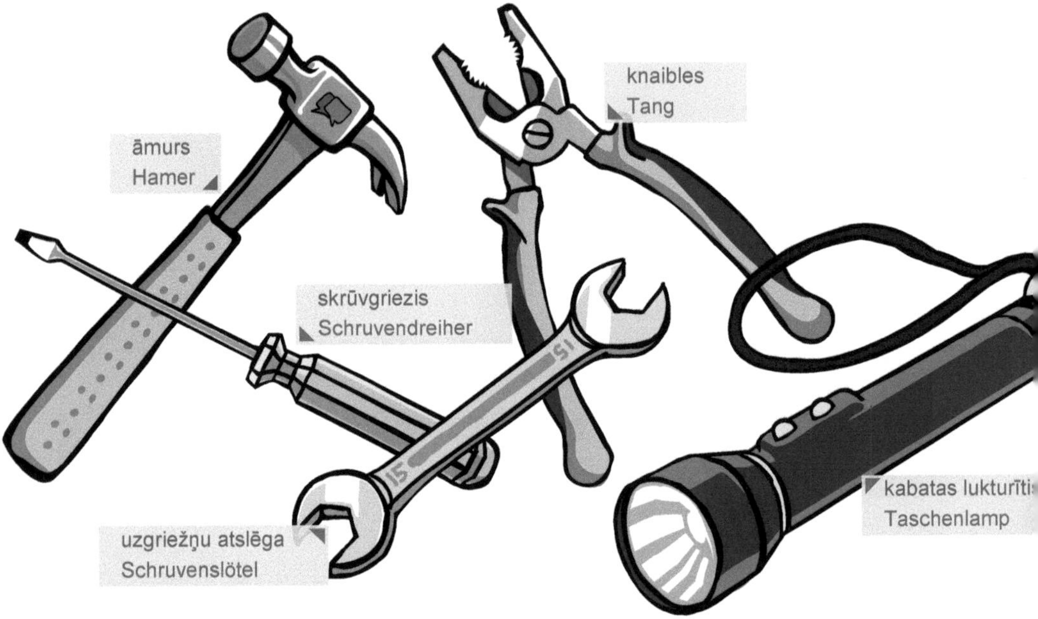

āmurs
Hamer
knaibles
Tang
skrūvgriezis
Schruvendreiher
kabatas lukturīti
Taschenlamp
uzgriežņu atslēga
Schruvenslötel

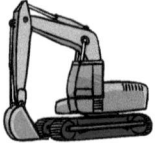

ekskavators

Grieper

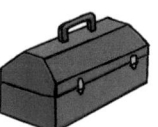

instrumentu kaste

Warktüüchkassen

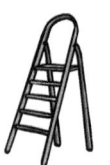

kāpnes

Ledder

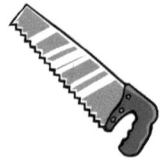

zāģis

Saag

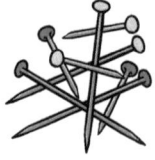

naglas

Nagels

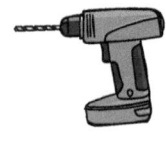

urbis

Bohrer

remontēt

heelmaken

lāpsta

Schüffel

Velns!

Schiet!

liekšķere

Kehrblick

krāsas bundža

Farvpott

skrūves

Schruven

mūzikas instrumenti
Musikinstrumenten

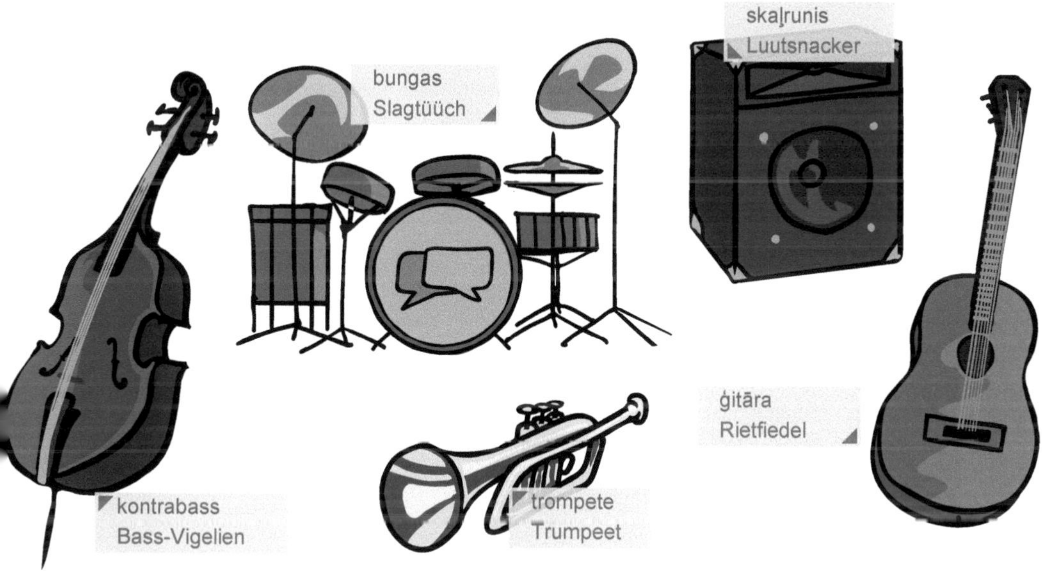

skaļrunis
Luutsnacker

bungas
Slagtüüch

ģitāra
Rietfiedel

kontrabass
Bass-Vigelien

trompete
Trumpeet

klavieres

Klaveer

vijole

Vigelien

bass

Bass

timpāni

Pauk

bungas

Trummeln

digitālās klavieres

Keyboard

saksofons

Saxophon

flauta

Fleut

mikrofons

Mikrofoon

zooloģiskais dārzs
Deertenpark

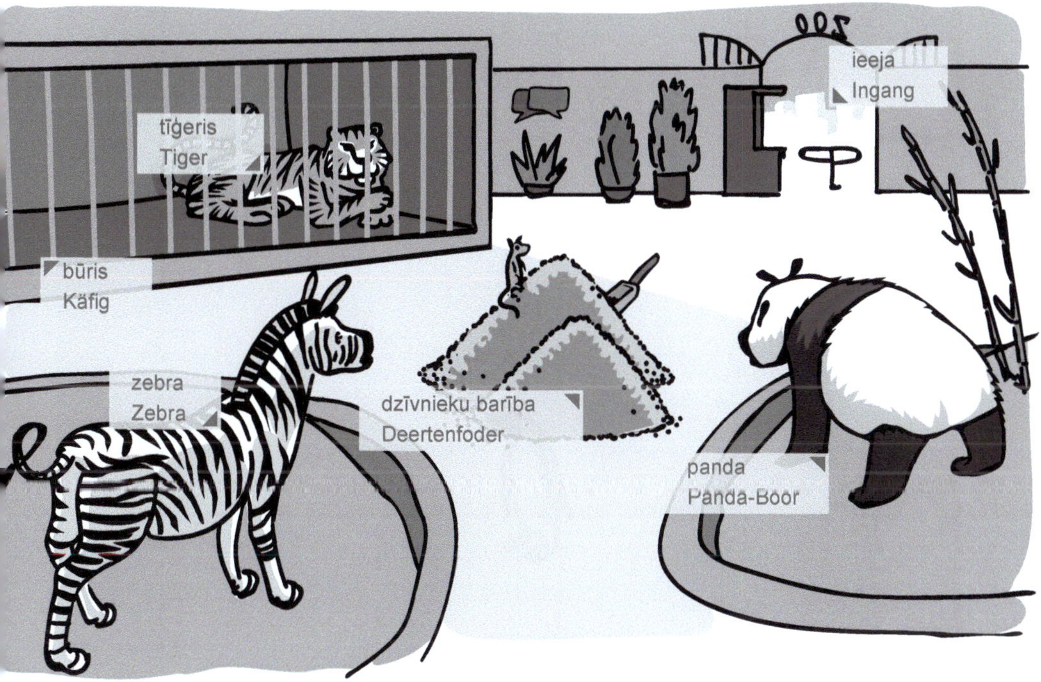
tīģeris
Tiger
ieeja
Ingang
būris
Käfig
zebra
Zebra
dzīvnieku barība
Deertenfoder
panda
Panda-Boor

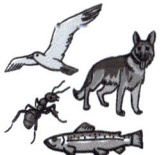

dzīvnieki
Deerten

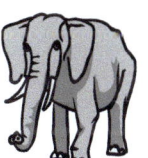

zilonis
Elefant

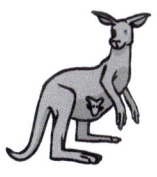

ķengurs
Känguru

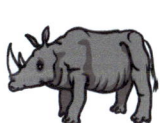

degunradzis
Neeshoorn

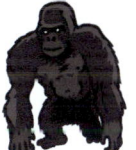

gorilla
Gorilla

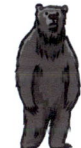

lācis
Boor

kamielis

Kameel

strauss

Struuß

lauva

Lööv

pērtiķis

Aap

flamings

Flamingo

papagailis

Papagoi

polārlācis

Iesboor

pingvīns

Pinguin

haizivs

Haifisch

pāvs

Pageluun

čūska

Slang

krokodils

Krokodil

zoodārza sargs

Oppasser in'n Deertenpark

ronis

Saalhund

jaguārs

Jaguor

ponijs

Pony

leopards

Leopard

nīlzirgs

Nilpeerd

žirafe

Giraff

ērglis

Aadler

meža cūka

Wildswien

zivs

Fisch

bruņurupucis

Schildkrööt

valzirgs

Walross

lapsa

Voss

gazele

Gazell

amerikāņu futbols
Amerikaansch Football

riteņbraukšana
Radfohren

teniss
Tennis

basketbols
Korfball

peldēšana
Swümmen

bokss
Boxen

hokejs
Ieshockey

futbols	badmintons	vieglatlētika
Football	Fedderball	Leichtathletik
rokas bumba	slēpošana	polo
Handball	Skilopen	Polo

darbības
Aktivitäten

lēkt
springen
apskaut
ümarmen
smieties
lachen
iet
gahn
dziedāt
singen
sapņot
drömen
lūgt
beden
skūpstīt
snuteln

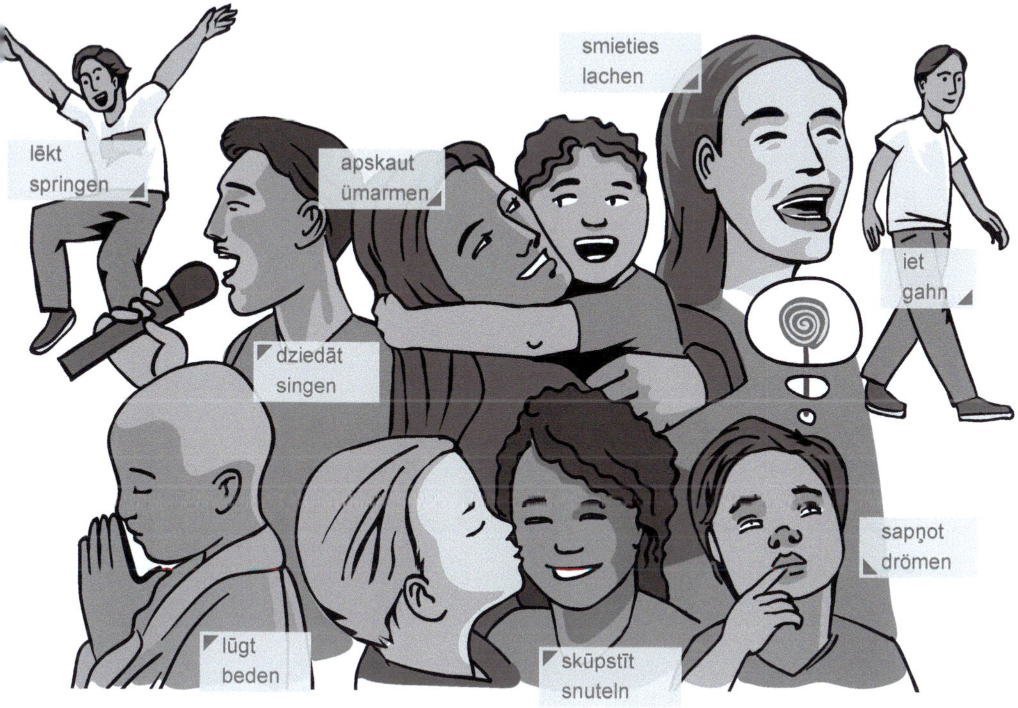

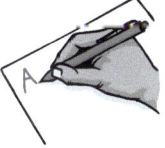

rakstīt

schrieven

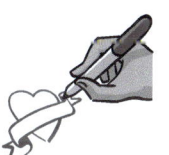

zīmēt

teken

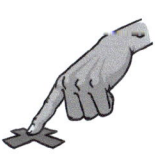

rādīt

wiesen

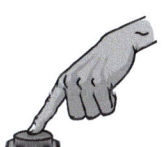

spiest

drücken

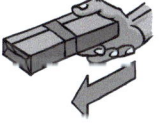

dot

geven

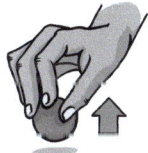

ņemt

nehmen

būt
hebben

darīt
doon

būt
sien

stāvēt
stahn

skriet
lopen

vilkt
trecken

mest
smieten

krist
fallen

gulēt
liggen

gaidīt
töven

nest
dregen

sēdēt
sitten

uzģērbt
antrecken

gulēt
slapen

pamosties
opwaken

skatīties

ankieken

raudāt

wenen

glāstīt

eien

ķemmēt

kämmen

runāt

snacken

saprast

verstahn

jautāt

fragen

dzirdēt

hören

dzert

drinken

ēst

eten

sakārtot

oprümen

mīlēt

leefhebben

vārīt

kaken

braukt

fohren

lidot

flegen

burot

segeln

rēķināt

reken

lasīt

lesen

mācīties

lehren

strādāt

arbeiden

precēties

de Plünnen tohoopsmieten

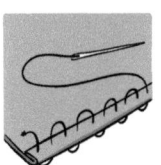

šūt

neihen

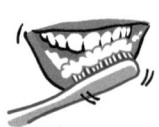

tīrīt zobus

Tähnen putzen

nogalināt

dootmaken

smēķēt

smöken

sūtīt

schicken

vecāmāte
Grootmoder

vectēvs
Grootvadder

tēvs
Vadder

māte
Moder

mazulis
Winnelkind

meita
Dochter

dēls
Söhn

viesis

Gast

tante

Tant

onkulis

Unkel

brālis

Broder

māsa

Süster

ķermenis

Lief

piere
Vörkopp
acs
Oog
plecs
Schuller
pirksts
Finger
seja
Gesicht
zods
Kinn
roka
Hand
kāja
Been
krūtis
Bost
roka
Arm

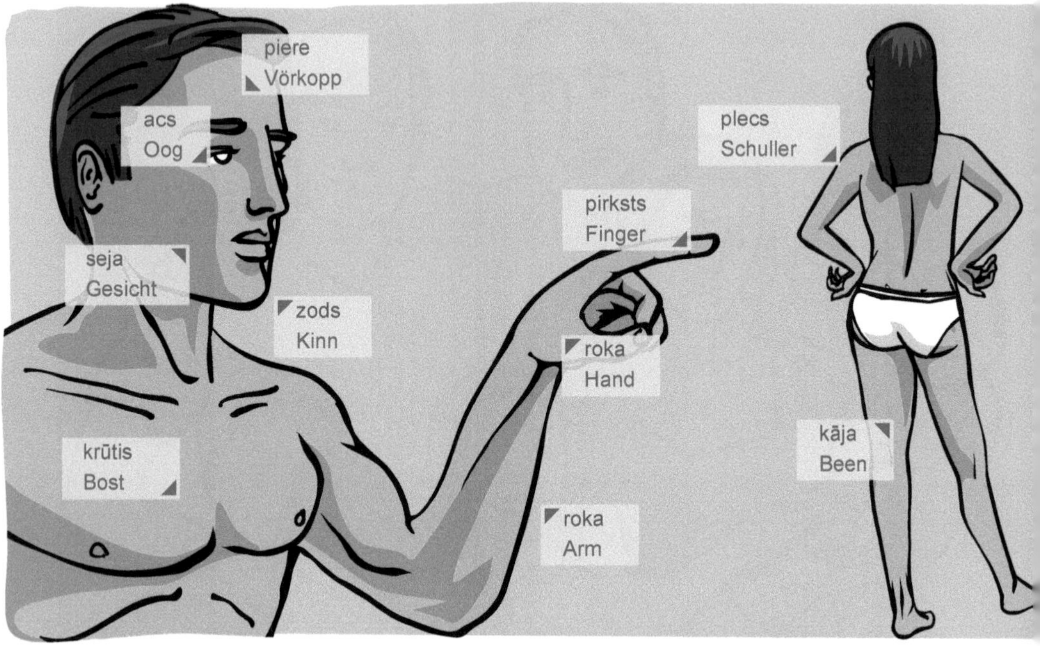

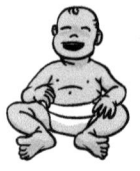

mazulis

Winnelkind

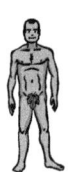

vīrietis

Mann

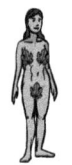

sieviete

Fro

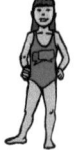

meitene

Deern

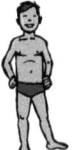

zēns

Jung

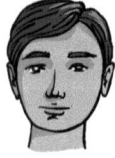

galva

Arm

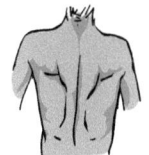

mugura

Rüch

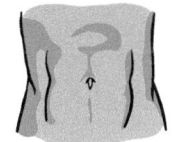

vēders

Buuk

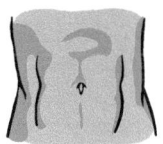

naba

Navel

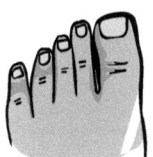

kājas pirksts

Teh

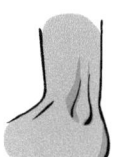

papēdis

Hack

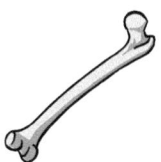

kauls

Knaken

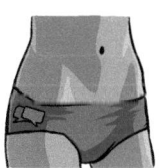

gurns

Hüft

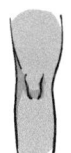

celis

Knee

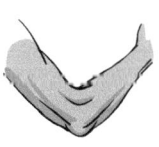

elkonis

Ellbagen

deguns

Nees

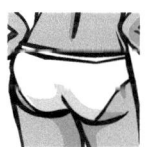

dibens

Achtersen

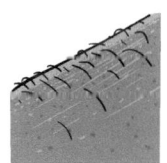

āda

Huut

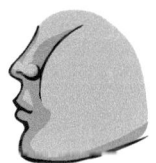

vaigs

Back

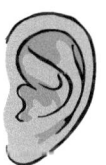

auss

Ohr

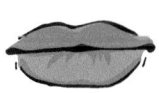

lūpa

Lipp

mute
Mund

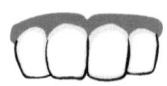

zobs
Tähn

mēle
Tung

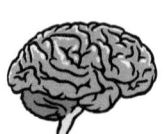

smadzenes
Bregen

sirds
Hart

muskulis
Muskel

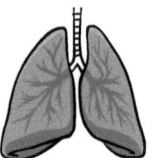

plaušas
Lung

aknas
Lever

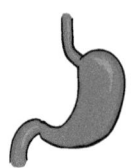

kuņģis
Maag

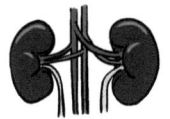

nieres
Neren

dzimumakts
Bislaap

kondoms
Kondoom

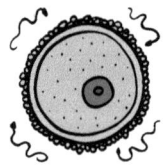

olšūna
Eizell

sperma
Sperma

grūtniecība
Anner Ümstänn

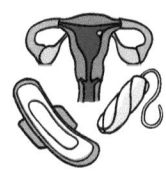

menstruācijas

Menstruatschoon

vagīna

Scheed

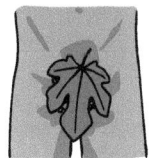

penis

Pint

uzacs

Ogenbroe

mati

Hoor

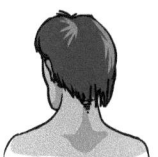

kakls

Hals

slimnīca
Krankenhuus

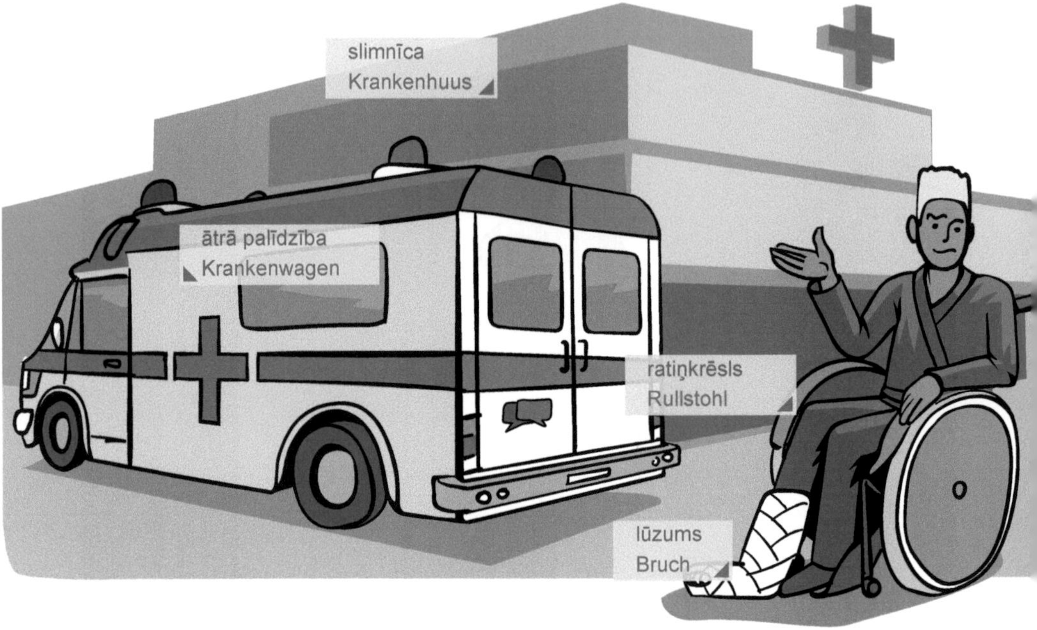

slimnīca
Krankenhuus
ātrā palīdzība
Krankenwagen
ratiņkrēsls
Rullstohl
lūzums
Bruch

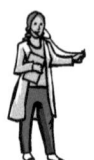

ārsts

Dokter

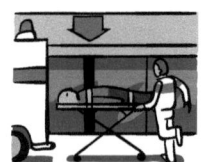

neatliekamās palīdzības nodaļa

Nootopnahm

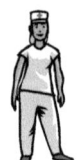

medmāsa

Krankensüster

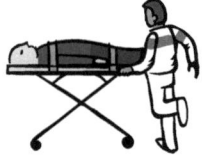

ārkārtas gadījums

Nootfall

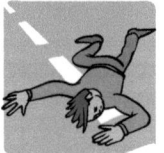

paģībis

ahnmächtig

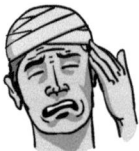

sāpes

Wehdaag

ievainojums

Verwunnen

asiņošana

Blöden

sirdslēkme

Hartinfarkt

insults

Slaganfall

alerģija

Allergie

klepus

Hoosten

temperatūra

Fever

gripa

Gripp

caureja

Dörchfall

galvassāpes

Koppwehdaag

vēzis

Kreeft

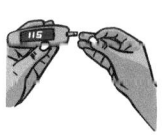

diabēts

Zuckersüük

ķirurgs

Chirurg

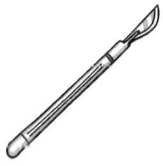

skalpelis

Chirurgsch Mess

operācija

Operatschoon

datortomogrāfija

CT

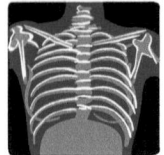

rentgents

Dörchlüchten

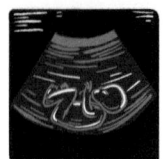

ultraskaņa

Ultraschall

sejas maska

Mask

slimība

Krankheit

uzgaidāmā telpa

Töövruum

kruķis

Krück

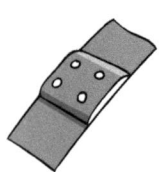

plāksteris

Plaaster

apsējs

Verband

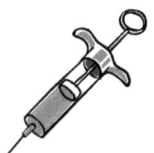

injekcija

Insprütten

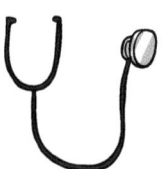

stetoskops

Stethoskop

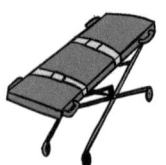

nestuves

Draag

termometrs

Feverthermometer

dzemdības

Geboort

liekais svars

Övergewicht

slimnīca - Krankenhuus

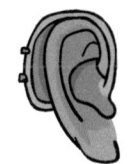

dzirdes aparāts

Höörapparat

dezinfekcijas līdzeklis

Kiemfriemiddel

infekcija

Ansteken

vīruss

Virus

HIV / AIDS

HIV / AIDS

zāles

Heelmiddel

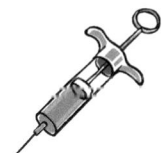

pote

Impen

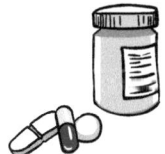

tabletes

Tabletten

pretapauglošanās tablete

Pill

ārkārtas izsaukums

Nootroop

asinsspiediena mērītājs

Blootdruck-Meter

slims / vesels

krank / gesund

Palīgā!

Hölp!

trauksme

Alarm

uzbrukums

Överfall

uzbrukums

Angreep

bīstamība

Gefohr

avārijas izeja

Nootutgang

Uguns!

Füer!

ugunsdzēšamais aparāts

Füerlöscher

negadījums

Unfall

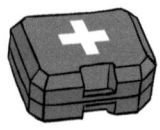

pirmās palīdzības aptieciņa

Noothölpkoffer

SOS

SOS

policija

Polizei

Eiropa

Europa

Ziemeļamerika

Noordamerika

Dienvidamerika

Süüdamerika

Āfrika

Afrika

Āzija

Asien

Austrālija

Australien

Atlantijas okeāns

Atlantik

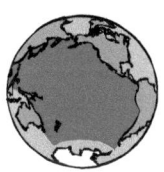

Klusais okeāns

Pazifik

Indijas okeāns

Indisch Weltmeer

Dienvidu okeāns

Antarktisch Weltmeer

Ziemeļu ledus okeāns

Arktisch Weltmeer

Ziemeļpols

Noordpol

Dienvidpols

Süüdpol

Antarktika

Antarktis

zeme

Eerd

zeme

Land

jūra

See

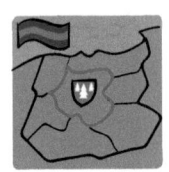

sala

Eiland

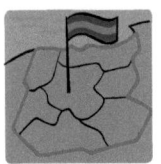

nācija

Natschoon

valsts

Staat

ciparnīca

Tallenblatt

stundu rādītājs

Stunnenwieser

minūšu rādītājs

Minutenwieser

sekunžu rādītājs

Sekunnenwieser

Cik ir pulkstenis?

Wo laat is dat?

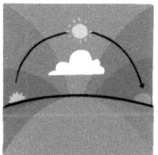

diena

Dag

laiks

Tiel

tagad

nu

digitālais pulkstenis

digetaalsch Klock

minūte

Minuut

stunda

Stunn

nedēļa

Week

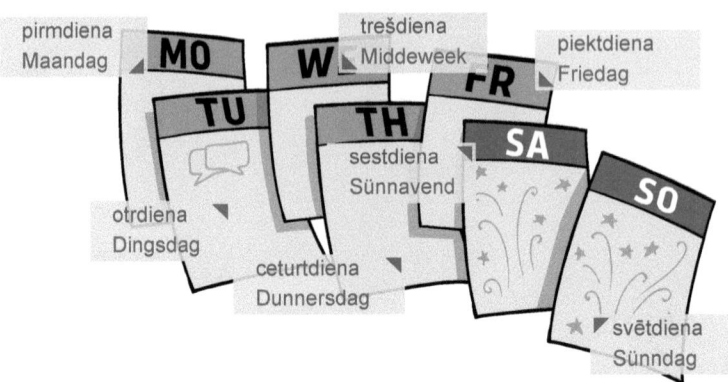

pirmdiena
Maandag

trešdiena
Middeweek

piektdiena
Friedag

otrdiena
Dingsdag

sestdiena
Sünnavend

ceturtdiena
Dunnersdag

svētdiena
Sünndag

vakardien

güstern

šodien

hüüt

rītdien

morgen

rīts

Morgen

pusdienlaiks

Meddag

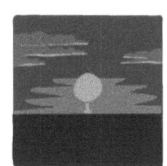

vakars

Avend

MO	TU	WE	TH	FR	SA	SU
1	2	3	4	5	6	7
8	9	10	11	12	13	14
15	16	17	18	19	20	21
22	23	24	25	26	27	28
29	30	31	1	2	3	4

darbadienas

Arbeitsdaag

MO	TU	WE	TH	FR	SA	SU
1	2	3	4	5	6	7
8	9	10	11	12	13	14
15	16	17	18	19	20	21
22	23	24	25	26	27	28
29	30	31	1	2	3	4

brīvdienas

Wekenenn

gads
Johr

lietus
Regen
varavīksne
Regenbagen
sniegs
Snee
vējš
Wind
pavasaris
Fröhjohr
rudens
Harvst
vasara
Sommer
ziema
Winter

4.APRIL 11°
5.APRIL 4°
6.APRIL 13°
7.APRIL 8°
8.APRIL 10°

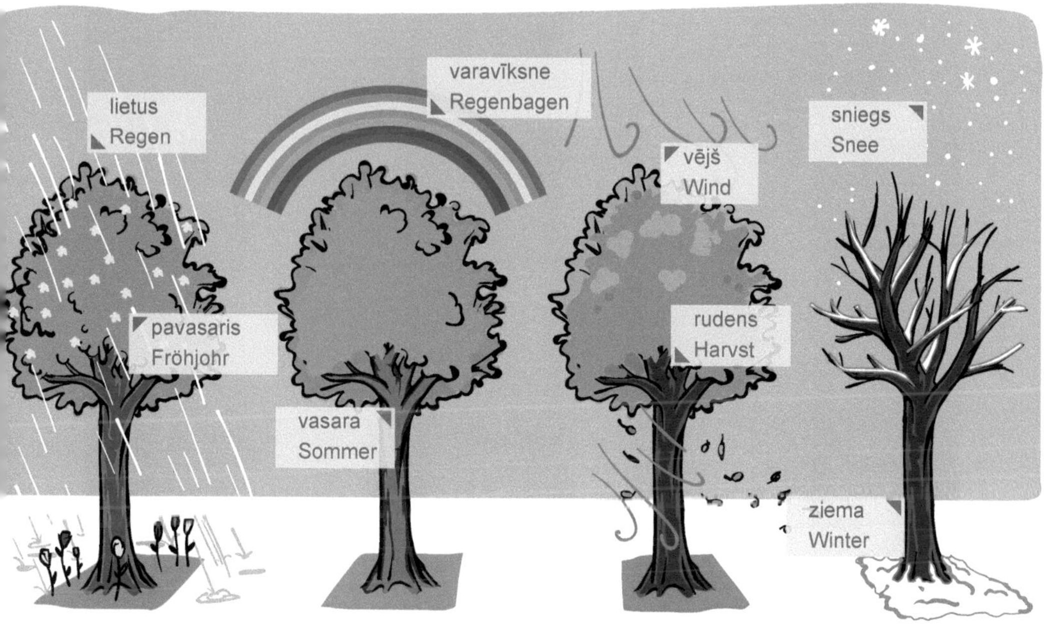

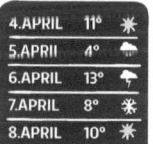

laika prognoze
....
Wedervörhersaag

F C
120 40
90 30
60 20
30 10
0 0
-30 -10
-20

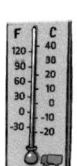

termometrs
....
Thermometer

saules gaisma
....
Sünnenschien

mākonis
....
Wulk

migla
....
Nevel

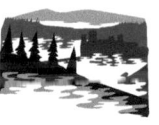

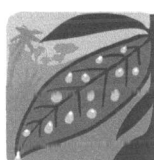

gaisa mitrums
....
Luftfuchtigkeit

zibens

Blitz

pērkons

Dunner

vētra

Storm

krusa

Hagel

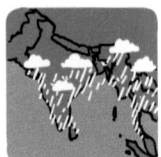

musons

Monsun

plūdi

Floot

ledus

Ies

janvāris

Januormaand

februāris

Februormaand

marts

Martmaand

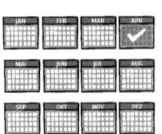

aprīlis

Aprilmaand

maijs

Maimaand

jūnijs

Junimaand

jūlijs

Julimaand

augusts

Augustmaand

gads - Johr

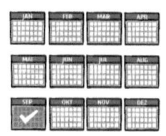

septembris
....
Septembermaand

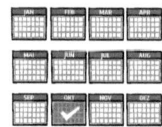

oktobris
....
Oktobermaand

novembris
....
Novembermaand

decembris
....
Dezembermaand

formas
Formen

aplis
....
Krink

kvadrāts
....
Quadral

četrstūris
....
Rechteck

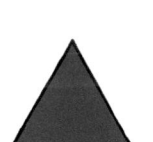

trīsstūris
....
Dreeeck

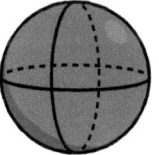

lode
....
Kugel

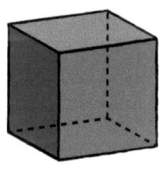

kubs
....
Wörpel

balts

witt

dzeltens

geel

oranžs

orangsch

sārts

pink

sarkans

root

lillā

lila

zils

blau

zaļš

gröön

brūns

bruun

pelēks

gries

melns

swart

daudz / maz

veel / wenig

saniknots / miermīlīgs

böös / verdreeglich

skaists / neglīts

smuck / mies

sākums / beigas

Begünn / Enn

liels / mazs

groot / lütt

gaišs / tumšs

hell / düüster

brālis / māsa

Broder / Süster

tīrs / netīrs

schior / ochietig

pilnīgs / nepilnīgs

kumpleet / nich kumpleet

diena / nakts

Dag / Nacht

miris / dzīvs

doot / lebennig

plats / šaurs

breet / small

baudāms / nebaudāms

geneetbor / nich geneetbor

nikns / laipns

bōōs / fründlich

satraukts / garlaikots

fickerig / langwielt

resns / tievs

dick / dünn

pirmais /pēdējais

toeerst / toletzt

draugs / ienaidnieks

Fründ / Fiend

pilns / tukšs

vull / leddig

ciets / mīksts

hart / week

smags / viegls

swoor / licht

izsalkums / slāpes

Smacht / Döst

slims / vesels

krank / gesund

nelegāls / legāls

nich na't Recht / na't Recht

inteliģents / dumjš

klook / dummerhaftig

kreisais / labais

linkerhand / rechterhand

tuvu / tālu

neeg / feern

jauns / lietots

nieg / bruukt

nekas / kaut kas

nix / wat

vecs / jauns

oolt / jung

ieslēgts / izslēgts

an / ut

atvērts / slēgts

apen / slaten

kluss / skaļš

lies / luut

bagāts / nabags

riek / arm

pareizi / nepareizi

richtig / verkehrt

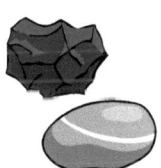

raupjš / gluds

ruug / glatt

noskumis / laimīgs

trurig / glücklich

īss / garš

kort / lang

lēns / ātrs

suutje / flink

slapjš / sauss

natt / dröög

silts / vēss

warm / köhl

karš / miers

Krieg / Freden

0

nulle

null

1

viens

een

2

divi

twee

3

trīs

dree

4

četri

veer

5

pieci

fief

6

seši

söss

7

septiņi

söven

8

astoņi

acht

9

deviņi

negen

10

desmit

teihn

11

vienpadsmit

ölven

12

divpadsmit

twölf

13

trīspadsmit

dörteihn

14

četrpadsmit

veerteihn

15

piecpadsmit

föffteihn

16

sešpadsmit

sössteihn

17

septiņpadsmit

söventeihn

18

astoņpadsmit

achtteihn

19

deviņpadsmit

negenteihn

20

divdesmit

twintig

100

simts

hunnert

1.000

tūkstotis

dusend

1.000.000

miljons

million

angļu

Engelsch

amerikāņu angļu

Amerikaansch Engelsch

ķīniešu mandarīnu valoda

Chineesch Mandarin

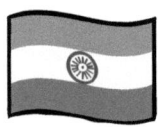

hindi

Hindi

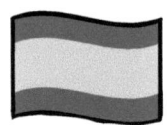

spāņu

Spaansch

franču

Franzöösch

arābu

Araabsch

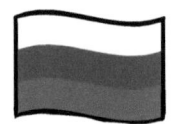

krievu

Rusch

portugāļu

Portugiesch

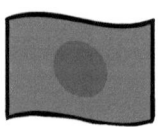

bengāļu

Bengaalsch

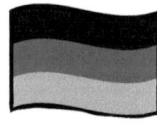

vācu

Düütsch

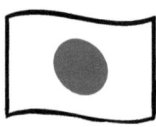

japāņu

Japaansch

es
ik

tu
du

viņš / viņa
he / se / dat

mēs
wi

jūs
ji

viņi / viņas
se

kas?
kccn?

ko?
wat?

kā?
woans?

kur?
woneem?

kad?
wannehr?

vārds
Naam

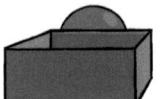

aiz

achter

iekšā

in

priekšā

vör

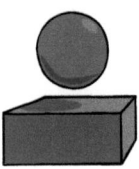

virs

över

uz

op

zem

ünner

blakus

blangen

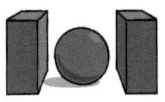

starp

twüschen

vieta

Oort